MARCO POLO

Une vie d'aventurier

Maquette : CrumbleShop
ISBN : 979-10-90597-05-1
Achevé d'imprimer en mars 2012
sur les presses de l'imprimerie Clerc à Saint-Amand-Montrond (18) - France
Dépôt légal : mars 2012
Loi n°49956 du 16 juillet 1949 sur les publications destinées à la jeunesse

collection
traces de vie

MARCO POLO

Une vie d'aventurier

Texte de Pierre Ducrozet
Images de Marie-Charlotte Aguerre
Lu par Hanane Essalhi
Musiques de Jordi Savall, Antonio Vivaldi

bulles de savon

CD 1 Marco s'avance sur la berge.
Il s'accroupit, recueille un peu d'eau dans le creux de sa main. Les palais de Venise brillent sous le ciel. Il regarde l'eau turquoise qui clapote contre les barques, les façades.
Il est prêt.

Il laisse couler l'eau sur son visage, se relève. Il observe une dernière fois sa ville, lui dit adieu en silence, puis il fait demi-tour et disparaît dans les ruelles.

CD 2 Le lendemain, il est à bord d'un bateau en partance pour Saint-Jean d'Acre. Il porte une cape, un chapeau, il a les yeux fous et innocents. Il a 17 ans.

À ses côtés, son père, Niccolo, et son oncle, Maffeo. Tous deux sont revenus deux ans plus tôt d'un long voyage en Asie. Marco a, ce jour-là, découvert le visage de son père, qui était parti sans savoir que sa femme était enceinte. Niccolo a, quant à lui, appris à la fois qu'il était père et que sa femme était morte. Mais on ne pleure pas longtemps la mort, en 1271, on l'accepte, elle fait partie des choses, comme le vent et la mer. Niccolo se remarie. Et, à peine arrivé, il veut déjà repartir. Le Grand Khan, empereur des Mongols, qu'il a rencontré au bout de leur périple, les a chargés, Maffeo et lui, d'une mission de grande importance. L'homme qu'on dit le plus puissant du monde veut connaître les Latins, leur culture et leur religion, le christianisme. Il leur a transmis une lettre destinée au pape, le priant de lui envoyer cent savants capables de lui enseigner les bienfaits des arts et surtout de la religion chrétienne. S'il la trouve supérieure aux autres, il la fera sienne.

Maffeo et Niccolo courent prévenir le pape de cette grande nouvelle. Malheureusement, il est mort, lui aussi. On part, et quand on revient, il n'y a plus personne. Il leur faut donc attendre l'élection d'un nouveau pape. Un an, deux ans, toujours rien. Les frères s'impatientent. Le Grand Khan les attend. Marco a le visage vigoureux, et il rêve de départs. Il sera du voyage, dit son père. Justement, on a assez attendu. Allons-y.

CD 3 Marco n'a pas le mal de mer. Les Vénitiens grandissent un pied sur l'eau, un pied sur terre, il a vu passer toute son enfance des bateaux chargés d'épices, d'or, de soie, partir est la chose la plus naturelle qui soit. Venise a beau être un des centres du monde et l'une de ses merveilles, il en a déjà fait le tour. Il est sur ce bateau en compagnie de deux étrangers, son père, son oncle, et il sifflote. Il sait pourtant qu'il n'a que peu de chances de revenir, que les voyages durent alors dix ans, quinze ans, plus – peu importe, il part. D'accord, Marco, comme tu voudras.

Ils arrivent à Acre, où ils apprennent qu'un nouveau pape vient enfin d'être élu. Il s'appelle Grégoire X. Les deux frères Polo lui transmettent la requête du Grand Khan. Le pape doute de pouvoir envoyer cent hommes à l'autre bout du monde, ils devraient traverser tous ces pays où les chrétiens ne sont guère bienvenus, c'est trop risqué.
- Vous partirez tous les trois, et deux hommes vous accompagneront, dit-il.
- Comme vous voudrez, dit Maffeo, qui préfère ne pas imaginer la réaction du Grand Khan. Bonne chance, leur dit le pape. Le lendemain, ils repartent.

Et les ennuis commencent déjà. La Petite Arménie, qu'ils doivent traverser, est en guerre. Les deux religieux prennent peur. Ils remettent aux trois Polo les cadeaux destinés au Grand Khan et repartent en courant dans l'autre sens. Marco regarde son père. Ça commence bien. Peu importe, dit Niccolo. Nous, on continue.

CD 4 Ils traversent la Petite puis la Grande Arménie, où ils aperçoivent, au loin, celle qu'on suppose être l'Arche de Noé. À Tauris, ils découvrent une drôle d'huile visqueuse qui brûle pendant des heures, et qu'on appellera bientôt le pétrole.

Le voyage est long, et périlleux, ils le savaient. La Perse, bien que contrôlée par le Grand Khan, est parcourue par des brigands qui dévalisent les voyageurs. Nos Vénitiens se joignent à une caravane de marchands armés pour résister aux attaques.

Ils passent par Sava, d'où partirent les rois Mages en quête du Messie. Marco se rend sur leurs tombeaux, où il s'étonne de les voir si bien conservés, avec cheveux et barbes. Ils écoutent les différents récits, ou légendes, qui circulent autour de Gaspard, Melchior et Balthazar. Marco aime les histoires, comme les aime un enfant ou un saint, sans vouloir en séparer le vrai du faux. Les enfants sont plus sages que les adultes.

Ils continuent leur route, admirent les chevaux qui galopent dans les plaines, les montagnes fabuleuses au loin, ils se reposent à l'ombre et mangent des raisins. Avant Kerman, Marco goûte les dattes qui s'ouvrent dans sa bouche, admire les oiseaux immenses qui volent autour de leur équipée, mange de délicieuses volailles, il est heureux. C'est un pays sublime dont il ne connaissait, enfant, que les tissus.

Leurs chevaux escaladent une montagne, puis redescendent dans la plaine. Marco observe les citronniers qui jaunissent le ciel. On avance tranquillement lorsqu'un grand cri se fait entendre au loin. Marco fouette son cheval. CD 5 Des brigands sont en vue. Ils attrapent plusieurs de ses compagnons. L'un d'eux, armé d'un couteau, s'approche de Marco, qui parvient à l'éviter juste avant que la lame ne touche son cheval. Il lance alors son propre poignard sur l'homme et s'enfuit. Il galope sans reprendre son souffle jusqu'à ce que le silence se fasse autour de lui. Il est seul, toute l'équipée a disparu. Il se réfugie dans un village. Au bout de quelques heures apparaissent finalement Maffeo et Niccolo.

- Où sont les autres ?
- Plusieurs d'entre eux sont morts, d'autres ont été faits prisonniers. Et toutes les marchandises ont disparu. Marco s'éponge le front. Il est vivant.

CD 6 Ils décident de descendre vers la mer pour embarquer et échapper aux dangers de la route. Mais, une fois à Ormuz, on leur déconseille de monter sur un des bateaux. Ils sont trop fragiles, leur dit-on, et la mer est plus dangereuse encore que la route, elle est peuplée de pirates.

- Retour à la case départ, dit Niccolo en souriant.

Ils changent leurs chevaux pour des ânes et des chameaux, et traversent deux déserts successifs.
Marco n'est pas sûr d'aimer le sable brûlant et la soif qui donne le vertige. Ils marchent des jours et des jours, seules quelques oasis viennent, heureusement, troubler le déroulement du désert.

Ils traversent des terres fertiles mais désertées par peur des voleurs. Marco tombe étrangement malade. Aucun des guérisseurs de la région ne peut identifier la maladie. Son père est inquiet.
Il emmène Marco dans les montagnes, espérant que l'air pur des hauteurs le revigore. Il est blanc. Il tousse. Les mois passent.

Un jour, un an plus tard, Marco se lève.
- Ça y est, on peut repartir.
L'expédition s'élance alors à l'assaut des montagnes qui s'élèvent devant eux. Elles sont parmi les plus hautes du monde, recouvertes de neiges éternelles. Les trois voyageurs se fraient un chemin entre les pics et les glaciers. Un soir, épuisé par les heures de marche, Maffeo manque de tomber dans le vide, mais son frère le rattrape à temps. Les nuits sont glaciales, et les loups rôdent. Ils dorment dehors, à peine abrités. Comment trouver son chemin entre ces pics ?

Marco, bien remis, est chargé de retrouver les os empilés par leurs prédécesseurs pour indiquer la route à prendre. Ils chevauchent pendant deux mois. Leurs mains sont paralysées par le froid.
- Regardez ! dit Marco, le doigt tendu vers l'horizon.
La plaine est en vue. Mais descendre de tels sommets est plus long qu'il n'y paraît, les genoux souffrent, cela dure quarante jours. Au pied des montagnes s'étalent des vignes, des terres vertes d'arbres fruitiers. Puis c'est à nouveau un immense désert qui s'annonce, le Takla-makan. Arrivés à la ville de Lop, les habitants les avertissent du danger à venir.

CD 7 - C'est un désert fouetté par les vents
et les voyageurs s'y égarent bien souvent.
Certains ont entendu des voix leur indiquer
un chemin, qu'ils ont suivi, jusqu'à la mort.

Alors Marco bouche ses oreilles, fixe
l'horizon, ferme sa bouche pour ne pas
avaler le sable qui vole et il se lance.
La traversée dure quarante jours. Niccolo
entend un jour d'intense chaleur les vents
qui sifflent à ses oreilles, sifflent, finissant
par former le son d'une voix humaine.
Il se concentre sur le chameau qui marche
devant lui, et peu à peu la voix se défait.

Les trois Vénitiens sortent enfin du désert. Ils arrivent à Dunhuang. Ils s'apprêtent à repartir, mais l'autorisation du Grand Khan tarde à venir. Le messager se serait-il perdu ? Ils sont coincés. Alors, en attendant, chacun s'occupe. Marco s'intéresse à l'étrange religion locale, le bouddhisme. Les pratiquants brûlent leurs morts, en compagnie, bien souvent, de cadeaux (chevaux, vêtements, bijoux) qui les accompagneront dans l'au-delà. Ils ont bâti de superbes temples, parfois à même la pierre, dans des falaises. Marco s'y rend pour écouter les disciples lui parler de Bouddha, cet homme ayant tout laissé pour aller chercher la paix et la sagesse. Il reste, bien sûr, convaincu de la supériorité de sa religion, mais il est fasciné par ce Dieu au large sourire.

CD 8 Une année passe. L'autorisation arrive finalement. Ils traversent la Chine du Nord, jusqu'à Ciandu, où le Grand Khan vit durant l'été. Quatre ans après leur départ, ils arrivent enfin. La barbe a poussé sur les joues de Marco. C'est un jeune homme, à présent, fougueux, robuste, qui semble avoir bien plus que son âge. Il se trouve devant un magnifique palais en marbre au milieu de la vallée. Un homme à cheval arrive au loin. C'est Koubilaï Khan. Il revient de la chasse. Il porte une large tunique bleue, ses moustaches fines tombent sur un collier de barbe. Son visage est rond, son corps aussi. Son regard, soucieux, s'illumine lorsqu'il reconnaît Maffeo et Niccolo.

- Bienvenue, chers amis !
- Merci, maître. Nous revoilà.
- Je vous attendais…
- Le voyage a été plus long que prévu. Nous avons dû –
- Ne vous inquiétez pas, vous êtes sains et saufs, c'est ce qui m'importe. Qui est ce jeune homme ?
- C'est mon fils, dit Niccolo. Il s'appelle Marco.
Marco s'incline, le Grand Khan lui donne la bienvenue.
- Et où sont les cent savants qui devaient m'enseigner votre culture et votre religion ?
Maffeo bafouille quelque chose.
Le Grand Khan fait tourner ses yeux dans ses orbites. Il ne dit rien. Puis finalement :
- Allons fêter votre retour.

CD 9 La nuit se prolonge en une grande fête. Le Grand Khan trône, des femmes dansent autour de lui. Maffeo et Niccolo expliquent à Marco que ce sont ses concubines.
- Concu-quoi ?
- Concubines. Il a plusieurs femmes.
- Ah. Et eux, qui sont-ils ?
- Ce sont les héritiers du trône, ses fils et petits-fils. Puis à côté, ce sont d'importants seigneurs locaux. Et là, un peu partout, ce sont des gens venus des quatre coins du monde, car le grand Khan aime être entouré de gens qui le conseillent, qui lui enseignent leur religion, leur science, leur art. Il y a là des bouddhistes, des chrétiens, des Sarrasins. Et regarde, il y a aussi des acrobates, des jongleurs, des bouffons, ils ne devraient plus tarder à entrer en scène.
La nuit se gonfle de musique et de boissons.

Puis
Marco va se coucher dans un
nouveau lit, cette fois-ci doux et frais.
CD 10 Il a dormi dehors, dans le froid, dans la chaleur
extrême du désert, sur des couches en bois, il a dormi
un peu partout avant d'arriver enfin. Il s'endort
comme un enfant, les bras repliés contre
son corps.

Il passe quelques semaines agréables à Ciandu, puis rejoint, en compagnie du grand Khan et de tout son entourage, la capitale du royaume, Kambaluc. Le roi y vit dans un très beau palais en or massif, protégé par une immense forteresse et de nombreux gardes. Marco s'installe dans une chambre à côté de celle de son père et de son oncle d'où il peut observer les animaux sauvages qui gambadent dans les jardins bordant le palais. Au loin, il aperçoit les toits rouges et bleus des temples de la ville.
Le Grand Khan s'assoit souvent avec Marco dans le jardin. Il l'écoute raconter son long voyage.
Ce jeune homme, vif et courageux, lui plaît. Un matin, il s'approche de lui.
- Marco, je voudrais que tu te rendes dans le sud-ouest, dans mes territoires, lui dit-il. Je voudrais que tu vérifies que tout s'y déroule bien, que tu contrôles mes troupes et récoltes les impôts.
- D'accord.
Marco n'hésite pas. Il n'hésite jamais. Il avance.
Il est le contraire de l'homme du XXIe siècle, qui a peur, qui doute, alors que tout est si clair à présent. Marco ne sait absolument pas ce qu'il y a devant, cela pourrait être un précipice, le paradis, un tigre, il n'en sait rien mais il avance la main.

CD 11 Il dit au revoir à son père, à son oncle, et il part en direction du Yunnan.

Il revient un an plus tard. Il passe alors de longues nuits à raconter au grand Khan ce qu'il a vu, la grande ville de Xi'an et la soie qu'on y fabrique, le fleuve Jaune, le fleuve Bleu, les montagnes où rôdent les ours et les lions. Il lui conte Kunming où l'on mange la chair des animaux crue, la superbe cité de Pagan, tout ce que l'empereur possède et ne connaît pas. Koubilaï pose sa main sur l'épaule de Marco.

- Bravo.

Le Grand Khan est si content de lui que durant les quatorze années suivantes, il l'envoie aux quatre coins de son empire, en Inde, au Champa, en Chine du Sud. Lorsque Marco revient de ses missions, il reste de longues nuits au chevet de l'empereur, allongé sur des coussins, à lui conter les merveilles qu'il a vues. CD 12 Il lui dépeint les ruelles de Hangzhou, le grand lac sur lequel tombent les pétales des fleurs, les femmes sous leurs ombrelles, les canaux, le grand marché au bord de l'eau. Les nuits passent, Koubilaï ne veut plus dormir. Marco lui raconte les superbes ponts en pierre de Yangzhou, les jardins où de jeunes filles lui lisaient des poèmes en chinois. Puis il détaille l'Inde, l'île de Ceylan, et celle de Cipangu, plus tard appelée Japon, que Koubilaï ne possède pas encore et qu'on dit recouverte d'or. Ils voyagent tous les deux à voix basse. Le jour se lève.

Les beautés de l'empire ne s'épuisent pas.

CD 13 Les années passent. Nous sommes en 1290. Les Polo veulent rentrer à Venise. Marco veut revoir sa ville, Niccolo veut revoir sa femme – ils sont partis depuis vingt ans déjà. Mais Koubilaï, qui a soixante-quinze ans à présent, ne veut pas les laisser partir. Il se sent vieux, faible, et les histoires de Marco, sa connaissance de l'empire, le génie du commerce de Niccolo et de Maffeo lui sont indispensables. Ils insistent, il refuse.

- N'êtes-vous pas bien ici ? Je vous couvrirai d'or, vous ne manquerez de rien.

- Je veux revoir Venise et ma femme avant de mourir, dit Niccolo.

Mais Koubilaï ne veut pas se séparer de son protégé. Les mois passent.

Argoum, roi de Perse et deuxième personnalité la plus importante de l'empire mongol, fait appel à Koubilaï. Son épouse est mourante et elle doit être remplacée par une femme de la même tribu de Chine du Nord. Trois messagers de Koubilaï se chargent de la mission, dont il ramène Cocasin, dite Mademoiselle Bleue, au grand charme et aux longs cils. Ils partent tous les quatre vers le royaume d'Argoum, mais les guerres entre les différents chefs mongols les obligent à faire demi-tour. Ils reviennent à Kambaluc et exposent leur situation à Koubilaï et à Marco. Celui-ci revient juste d'une mission en Inde. « Il faut passer par les côtes du sud, dit-il, elles sont beaucoup plus sûres que les plaines du centre. » Il le sait, il connaît la région comme personne. Les messagers regardent Koubilaï. Pourquoi cet homme ne viendrait-il pas avec nous ? Koubilaï fronce les sourcils. Mais la mission est de la plus haute importance. CD 14 Il doit finalement se résigner à laisser Marco, Niccolo et Maffeo accompagner Mademoiselle Bleue et ses trois messagers jusqu'en Perse. Ils sont libres.

Koubilaï fait préparer quatorze navires, des milliers de matelots, ses protégés et la future reine doivent arriver à bon port et éviter les pirates. Koubilaï remet à Marco deux tablettes d'or de l'empire, qui leur permettront de circuler en toute liberté et de demander la protection des chefs locaux. Il le prend dans ses bras.

- Merci, Marco… Je ne te reverrai pas. Sois heureux.

On ne voit pas ses yeux, enfoncés dans ses orbites, on ne sait pas s'il pleure.

On monte à bord, et les bateaux mettent les voiles.

La traversée est longue. Marco fait la connaissance de Mademoiselle Bleue. Ils passent de longues heures sur le pont du bateau à parler de leurs différents voyages.

Les yeux de Mademoiselle Bleue s'ouvrent grands. Marco fait tourner son chapeau dans sa main. Ils arrivent à Sumatra trois mois plus tard. Là, la mer est si mauvaise qu'ils ne peuvent avancer. Ils restent cinq mois à terre, se construisant des abris en bois pour se protéger des bêtes et de ce peuple réfugié dans les montagnes qui se nourrit de viande d'homme. Ils reprennent finalement la mer et arrivent en Inde.

CD 15 C'est un monde qu'ils découvrent, sauf Marco qui s'y est déjà rendu à plusieurs reprises, monde peuplé de saints habillés comme des mendiants, de serpents et de grands feux où brûlent les morts. Ils longent la côte est, puis la côte ouest, rencontrant des hindous, des bouddhistes, des chrétiens, des juifs.

Puis ils quittent la côte. Ils échappent alors à une attaque de deux bateaux pirates. De nombreux matelots meurent, mais la bataille est gagnée.

Jours de calme. Très vite, pourtant, des membres de l'équipage tombent malade. On se rend compte qu'une épidémie sévit à bord. Des centaines de matelots, les servantes de la reine, deux des messagers de Koubilaï meurent. Marco Polo et Mademoiselle Bleue s'enferment dans une chambre.

Quelques mois plus tard, ils arrivent sains et saufs à Ormuz, en compagnie de Niccolo, Maffeo et des quelques matelots ayant survécu. Là, ils apprennent que le roi d'Argoum est mort. Ça devient une habitude. Mademoiselle Bleue est offerte à son fils aîné, qui vit dans le nord du pays. Elle ne veut pas partir. Elle veut rester auprès de Marco, rentrer avec lui à Venise, passer sa vie, là-bas, au bord de l'eau. Marco aimerait ça, lui aussi. Mais impossible de désobéir aux ordres de l'empereur. Ils se séparent dans les larmes. Mademoiselle Bleue disparaît.

CD 16 Les trois Polo traversent la Perse, dans l'autre sens cette fois. Kerman, Tabriz, et finalement Trébizonde. Ils sont accompagnés par deux cents hommes à cheval, les routes sont dangereuses, et ces notables vénitiens transportent de grandes richesses. À Trébizonde, on apprend leur venue et on leur vole dans la nuit une immense somme d'or. Ils cherchent en vain leurs ravisseurs. Tristes, ils prennent finalement le chemin de Byzance. De là, ils gagnent la Grèce en bateau. Ils embarquent à nouveau, et, quelques jours plus tard, une lumière brille au loin. C'est un clocher en or, ce sont des clochers en or : les églises de Venise. Marco lève les mains au ciel. 24 ans plus tard, il est de retour à la maison. Il tombe dans les bras de son père.

Épilogue

CD 17 1298.
Marco Polo est allongé sur le sol d'une cellule de prison.
Il a été fait prisonnier lors d'une bataille navale. Il est aux mains des Gênois. Il regarde par la fenêtre le soleil qui tombe dans la mer. Son compagnon de cellule ne dort pas, lui non plus. Les heures sont longues.
- Marco, raconte-moi quelque chose, dit cet homme.
- Oh, tu m'ennuies, Rustichello…
Après tout, c'est toi l'écrivain, tu dois en avoir, des histoires.
- Les écrivains n'en ont pas, justement, c'est pour ça qu'ils les volent.
Marco le regarde.
- Des histoires ?... Oh, j'en ai peut-être quelques-unes…
Et il recommence le voyage.
Il lui raconte toutes ses aventures depuis le début.
Et Rustichello, émerveillé, note tout ce qu'il entend.
Et les nuits passent ainsi, dans l'ombre du cachot. Marco parle, et parle, le monde entier défile, Rustichello n'en croit pas sa plume.
Les nuits deviennent trop courtes.

CD 18 Un jour, on ouvre la porte de leur cellule.
- Vous êtes libres, leur crie-t-on.
Marco dit adieu, et merci, à Rustichello.
Il repart avec sa vie sous le bras. Elle a la forme d'un livre.

PETIT CAHIER

1

Marco Polo a-t-il découvert les terres qu'il décrit ?

Même si son voyage est unique en son genre, par sa durée et par l'ampleur de l'aventure, Marco Polo n'est pas le premier Européen à pénétrer sur ces terres lointaines. La route qu'il emprunte est bien connue des commerçants et des voyageurs, elle les a menés déjà jusqu'aux merveilles de l'Orient : les épices, les pierres précieuses, la soie. On l'appelle d'ailleurs la Route de la Soie.

Les Chinois l'ont inventée aux alentours de 2000 avant Jésus-Christ et en ont conservé longtemps le secret : ce n'est qu'au XIIe siècle que les Européens apprennent à la fabriquer eux-mêmes.
Deux voyageurs ont précédé de peu Marco Polo : Jean de Plan Carpin et Guillaume de Rubrouck. Le premier se lance en 1245, sur les ordres du pape, en direction de la cour du Grand Khan, pour y étudier les mœurs des Mongols. Il revient en 1247. Six ans plus tard, le roi Saint-Louis confie la même mission à Guillaume de Rubrouck, qui lui aussi décrira, à son retour, ce qu'il a vu.

2

Pourquoi ce voyage, s'il n'est pas le premier, a-t-il tant d'importance ?

En raison du livre que laisse Marco Polo. Si ses prédécesseurs ont eux aussi mis par écrit leurs impressions et leurs observations, leurs textes ne sont en rien comparables à celui de Marco Polo – qui s'intitule, selon les traductions, *Le livre des merveilles*, *Le devisement du monde*, ou *La description du monde*. Son livre est un passeport, une promesse, une porte sur un monde lointain et fabuleux. Marco Polo y décrit les peuples rencontrés, les routes, les villes, les fruits, les visages, les mers. Le livre des merveilles va faire rêver des générations d'Européens. Son histoire est singulière : Rustichello de Pise se charge, comme on l'a vu, de rédiger en français les histoires que Marco lui raconte dans cette prison de Gênes, en 1298. Puis, quelques manuscrits du récit de ce voyage se propagent mystérieusement, le roi de France Charles V en possède trois copies, le texte est traduit en latin. L'imprimerie n'a pas encore été inventée, seules quelques copies peuvent circuler, dans un cercle réduit.

Le livre de Marco Polo connaît une deuxième existence en 1553, plus de deux siècles après la mort de Marco, le jour où Giovanni Battista Ramusio publie *Navigations et voyages*, un recueil dans lequel apparaît Marco Polo. Il devient un héros. L'Europe est alors en pleine « Renaissance », et la figure du Vénitien, voyageur et érudit, est un exemple à suivre.
Aujourd'hui encore, il est le modèle du voyageur, vif, courageux et passionné, parti cheveux au vent et ayant vécu mille vies en une. Il est le symbole de sa ville, Venise, et des bateaux qui en partent.

3

Le livre arrive malgré tout entre les mains de Christophe Colomb, qui le lit avec enthousiasme. Il rêve des terres lointaines qu'évoque Marco, et plus particulièrement de l'île de Cipangu, que l'on dit couverte d'or. Il veut s'y rendre, avant d'arriver vers la côte chinoise et aux Indes, qui est son objectif premier. Le 3 août 1492, il lève les voiles avec ses trois navires. Colomb met le cap à l'ouest, pensant rejoindre les Indes après avoir fait le tour de la terre, qu'il sait ronde. Lorsqu'il aborde une terre, le 12 octobre 1492, il pense être arrivé. Or, il est dans la mer des Caraïbes. L'Amérique est découverte. L'histoire en sera définitivement changée.

4

1 - Portrait de Marco Polo, 19e siècle

2 - Route de la Soie, 1375

3 - Christophe Colomb, portrait de 1520

4 - Les Polo s'approchant de chevaux, extrait du *Livre des Merveilles*, 1412

Marco a-t-il bel et bien voyagé en Orient ?

Si certains spécialistes ont émis des doutes (le nom de Marco Polo n'apparaissant pas dans les documents officiels de Koubilaï Khan et dans les archives mongoles), la plupart des historiens sont d'accord : Marco Polo a bien voyagé jusqu'à Kambaluc, aujourd'hui Pékin. Les avis sont partagés sur les détails du voyage, et cela en raison du caractère atypique de son livre, qui est à la fois un récit de ce que Marco a vu, de ce qu'il a entendu, de ce qu'il imagine parfois. Est-il allé jusqu'au Japon ? Non. Fut-il nommé gouverneur de sud de la Chine ? Ce n'est pas certain. Il s'y est rendu, en tout cas, mais peut-être en tant que directeur de l'administration du sel. Et alors ? Peu importe s'il exagère peut-être parfois (nous le faisons tous, et c'est très bien comme ça), car son livre est aussi fait pour entraîner le lecteur dans une rêverie. Marco Polo, sans le savoir, est un écrivain. Il a vu mille et une choses, rencontré mille et un personnages, mais lorsqu'il rédige, à l'aide de Rustichello, le récit de ses aventures, il doit fouiller dans sa mémoire, et donc nécessairement reconstruire, refaire le voyage. Puis il ajoute également des choses qu'il a entendues, des légendes typiques de son époque (l'île d'Agaman qui serait peuplée d'hommes à têtes de chiens, une autre île qui serait habitée uniquement par des femmes) : le merveilleux et le fantastique font alors partie de la réalité, ils n'en sont pas séparés. Marco Polo est, en ce sens, tout à fait exemplaire de son époque, le Moyen-Âge : il observe, il décrit, il analyse, mais il croit aussi aux fantômes, aux miracles, aux légendes.
On le suit.

1

La route de la soie existe-t-elle encore ?

On la survole maintenant en avion. Peu de gens la parcourent à pied, ou en camion. Les marchandises circulent en bateau ou en avion. Et les échanges entre la Chine, l'Inde et l'Europe sont d'un autre type, aujourd'hui, centrés autour des services et des industries.

Un projet multinational prévoit de construire une autoroute et une voie ferrée qui traverseraient tous les pays d'Asie centrale et permettraient de relier à nouveau l'Europe et l'Asie autrement que par les airs. Marco Polo, au XXIe siècle, prendrait sans doute le train ou la voiture pour rejoindre la Chine.

1 - Koubilaï Khan, peinture du 14e siècle

2 - Dragons, extrait du *Livre des Merveilles*, 1412

3 - Route de la Soie, photographie de Suzanne Held, 1981

LA MUSIQUE

Merci à Harmonia Mundi pour nous avoir permis de reproduire les extraits des *Quatre Saisons*.

LES DOCUMENTS SUR MARCO POLO